JN203768

どんぐり クリスマス

おおたき れいこ

写真 みやづ かなえ
デザイン コダシマアコ

かもがわ出版

どんぐりタウン
クリスマスマーケット

ジングルベルのメロディとともに、
どんぐりタウンに、クリスマスマーケットがオープン！
ケーキやさんにバーガーショップ…
クリスマスオーナメントもいっぱい。
バスでおかいものにやってきたどんぐりくんたち。
きらきらイルミネーションにも、心おどります。

もくじ

4

クリスマスに
大かつやくの
どんぐりたち

日本には、どんぐりのなる木が
約20種類あります。
住んでいる地域や木の種類によって、
ひろえる時期も、
大きさも形もさまざまです。
あなたの地域では、
どんなどんぐりがひろえますか？
なまえがわからなかったら、
しらべてみましょう。

コナラ

スタジイ

64 ページ「どんぐりのなまえをしらべよう！」も、
参考にしてください。

クヌギ

ナラガシワ

シラカシ

マテバシイ

クリスマスをもっとたのしくする

ハイキングでひろった木の実

おなじみの「まつぼっくり」のほかにも、
こんな木の実がひろえます。

アカマツの
まつぼっくり

ヤマグリ

カラマツの
まつぼっくり

トチの実

動物がかじったあと

オオバヤシャブシ

リスがかじった
アカマツの
まつぼっくり

ヤマグルミ

木の実たち

ムクロジ

ユリノキ

ギンナン

メタセコイア

ツバキ

モミジバフウ

タイサンボク

これは
草です!

カラスノエンドウ

ヒマラヤスギの
まつぼっくり

9

どんぐり工作のどうぐとざいりょう

こんな道具があれば、いろいろなものがつくれます。
コツがわかれば、ずっと、かんたん！ あとは、きみのアイディアしだい。

どんぐり工作　きほんセット

えんぴつ

じょうぎ

セロテープ

はさみ

木工ボンド

たっぷりつけるのが、
コツ！

あるとべんり

ポスカ（ポスター
カラーマーカー）

どんぐりにきれいに
かけます。

カッター

＊おとなといっしょに。

グルーガン

プラスチックを
とかしてつける道具です。
これがあると、どんぐり工作の
世界がひろがります。ホームセンターや
100円ショップなどでも売っています。
＊熱くなるので、おとなといっしょに
　つかいましょう。

キリ（千枚通し）

どんぐりに、あなをあける
工作では、キリをつかいます。
そのとき、どんぐりを油ねん
どに押しこんで固定させると、
あなをあけやすいです。
＊おとなといっしょに。

おとなと
いっしょに

このマークがついて
いる工作や料理は、
おとなといっしょに
つくりましょう。

どんぐりの保存

さっとあらって、かわいたら、紙袋に入れて
風とおしのよい、日かげにおいておきましょう。
完全に乾燥するまでは、カビないように、
密封しないことがたいせつです。

どんぐり虫対策

ひろってきたどんぐりから、虫がでてくることがあります。

それは、ゾウムシの幼虫です。そっと土の上に、にがしてあげましょう。

虫がにがてな人は、どんぐりをビニールの袋に入れて、冷凍庫にしまっておくと、虫がでてきません。工作する2、3日まえに自然解凍して、なまのどんぐりとおなじように、つかいます。

解凍したどんぐりは、何日もたつと、乾燥して、だんだんかたくなります。あなをあける工作のときは、早めにつかいましょう。

マテバシイは、ほとんど虫がつかないので、そのままつかって、だいじょうぶです。

クリスマス工作のだいじなわき役

ダンボール
薄手のものならカッターでなくても、はさみできれます。

色画用紙

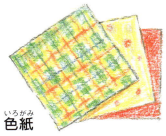

色紙
もようのあるのも
かわいい。

手芸用わた
ツリーの雪やかざりに。

あかいプラスチックビーズ
あかい木の実があればサイコー

どんぐり工作が、ぐっと、すてきになるよ！

マスキングテープ

キラキラしたモールやお気に入りのリボン

＊この本の工作では、ほかにプラカップや紙ざら、ペットボトルのふたなどをつかっています。すこしずつあつめておきましょう。

クリスマスは、せかいのおまつり

12月25日は、イエス・キリストのたんじょう日といわれています。
ちょうどこのころは、北の国の人たちには、1年でいちばん夜の長い「冬至」。
それぞれの国や地域でおこなわれていた「春をむかえるおまつり」がいっしょになって、
世界中に広まっていきました。

ネイティビティ（イエス・キリストが生まれた場面）
ヨゼフとマリアの人形：ワインのコルクせんを土台（からだ）にしています。
家の型紙：67ページ／ひつじのつくりかた：15ページ

もうすぐ
クリスマス

ゆびおり数えて
クリスマスを待つ

アドベントツリー

まいにち
1まいずつ
はがしてね

ざいりょう

どんぐりやボタンなど、なんでも・コルクボード・色画用紙（こん・みどり）・マスキングテープ・わた・キラキラモール・ぼんてん（あか・しろ）

よういするもの

きほんセット・ポスカ

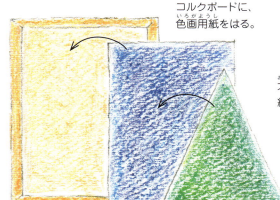

コルクボードに、色画用紙をはる。

大きめのどんぐりに絵をかいて、ボンドではる。

ボタンやベルなど、きれいなものがいろいろあるとたのしいね

モールを星の形に。

わたをまるめてはる。

まずは、ぜんぶつけてみよう！

色画用紙をしごいてカーブをつけ、マスキングテープでどんぐりをかくす。

＊ ひつじの つくりかた ＊

グルーガンでどんぐりをつける。

ねじる。

くろのモールをまいて足をつくる。

耳はモールをきってはる。

ふんわりとわたをまく。

15

アドベント
ハウス

小さなとびらをあける
毎日 のたのしみ

ざいりょう
大きめのどんぐり26こ・
ダンボール (1.5 × 20 センチ
× 2本·1.5 × 12 センチ× 2本·
1.5 × 22 センチ)・コルクボー
ド・キラキラモール (みどり)・
ビーズなど (まどの中のツリー
用)・いろがみ・画用紙 (23
× 25 センチくらい× 2まい)・
小えだ・わた・まるいシール (し
ろ・大)・えのぐ (しろ)

よういするもの
カッター・ポスカ・くろの
油性マジック

おとなと
いっしょに

※型紙：66 ページ

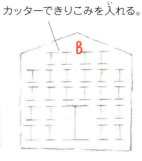

カッターできりこみを入れる。

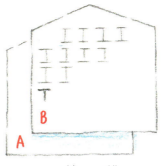

1 AにBを重ねて、仮どめする。

2 Bのまどをぜんぶあけ、AにどんぐりのいちのしるしをつけたらBをはずす。

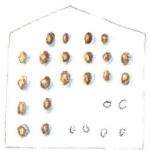

3 Aのしるしをつけたところに、顔をかいたどんぐりをはる。

4 Aにダンボールで厚みをつける。

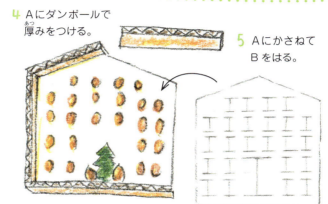

5 AにかさねてBをはる。

まどをあけると、こんなかんじ

6 まるいシールに1から24までの数字をかいてはる。

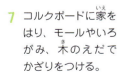

7 コルクボードに家をはり、モールやいろがみ、木のえだでかざりをつける。

8 あかいいろがみ 1.5 × 13 センチを2まいはってやねにし、しろボンドを雪のようにつける。

しろボンドのつくりかたは、43 ページをみてね！

あしたは、どんなどんぐりくんにあえるかな？

リスが２ひき、
かくれているよ！

ガラスのツリーと
フェルトのどんぐり、
みつけられるかな？

どんぐりは、クリスマスによくにあう

あきの日ざしをたっぷりあびた
つやつやで、ちゃいろのどんぐり…
あかやみどりのクリスマスカラーにも、
とってもよくにあいます。
どんぐりをひろって、クリスマスをにぎやかに。

クリスマスを
かざろう

*カクト：どんぐりについているぼうしのようなもの

紙ざらの
かべかざり

ざいりょう

紙ざら（直径 12 〜 13 セン
チ）・小えだ・木のみなど・
どんぐり（天使用には大き
いどんぐりとカクト）・いろ
がみ・リボン・ビーズ（あか）
天使用：レースペーパー・
キラキラモール・ミニゼリー
のカップ
ブーツ用：毛糸

よういするもの

きほんセット

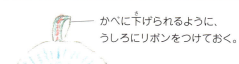

かべに下げられるように、
うしろにリボンをつけておく。

ボンドでどんぐりを
つける。

いろがみをツリーや
ブーツなどの形に
きってはる。

＊ ろうそく用の小えだはおとなにきってもらいましょう。

つくりかたのコツ

紙ざらのふちはななめになって
いるので、ボンドをつけても落
ちてしまいます。ボンドが半がわ
きの状態でどんぐりをつけると
落ちません。

ボンドは多めにつけてね！

＊天使のつくりかた＊

カップのふちを
きり落とす。

レースペーパー
をきってまわり
にはる。

カクト

大きい
どんぐり

ボンドは
多めに
つける。

羽の形に
きってはる。

天使の「わ」：
モールは直接、紙ざらにはる。

いろがみをきってはった上に、
ボンドでつける。

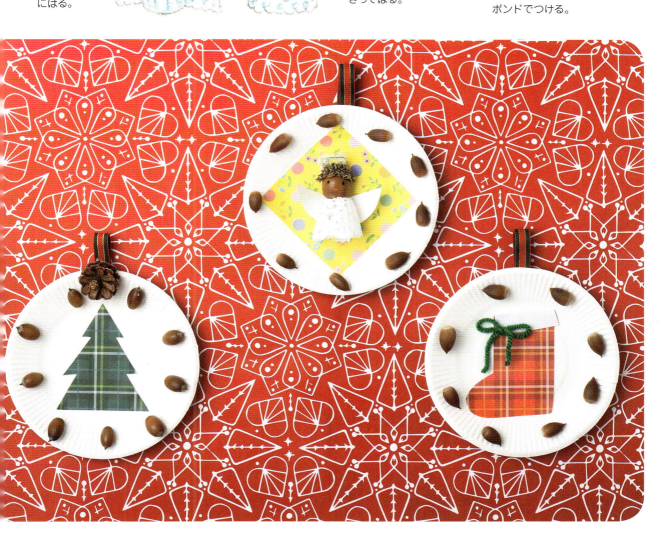

21

セロテープの
わっかで

まどかざリング

ざいりょう

どんぐり・小えだ・セロテープ
の芯（わ）・ひも・またはリボン・
色画用紙（しろ・あか・みどり）
家：あかいビーズ・透明のセロ
ファン
雪だるま：手芸用わた・毛糸・
いろがみ
ツリー：大きめのビーズやスパ
ンコールなど

よういするもの

きほんセット・しろのポスカ

＊ ツリー ＊

小えだをうしろに
はり、ポスカで、
おもてから
しろくぬる。

色画用紙をツリー
の形にきって、ビー
ズをはる。

── おる

＊ 家 ＊

うしろにセロファン
をはり、ポスカで
雪をかく。
わにあわせて、
はさみできる。

ヒイラギのはっぱ
の形にきって、
わにかざる。

家をつくってはる
（つくりかた：67ページ）

＊ ゆきだるま ＊

わたを手でまるめ
てボンドでつける。

小えだを
おってはり、
顔にする。

ツリーを上から
みたところ

モール

カラー
シール

2まいつくり、
ボンドでつける。

11センチ
くらい

おる

どんぐり

どんぐりや
木のみを
ボンドで
つける。

グルーガンで
つける。

マスキングテープ

テーブルをかざる

どんぐり プレート

ざいりょう
紙ざら（直径13センチく
らい）・どんぐり・小えだ（5
センチくらい）・木のみなど・
色画用紙（みどり）・いろ
がみ(8×8センチくらい)・
マスキングテープ・キラキ
ラモール・カラーシール

よういするもの
きほんセット・グルー
ガン

おとなと
いっしょに

23

ホワイトで
もっとおしゃれに

ざいりょう
ダンボール（21 × 21 セ
ンチ）・どんぐり・小えだ・
木のみなど・リボン
しろいリース：しろのえ
のぐ（ボンドとまぜてつ
かいます）

よういするもの
きほんセット・グルーガン
カッター・キリ（ダンボー
ルにあなをあける）

ハートの
リース

おとなと
いっしょに

＊しろいリース
ボンドにしろいえの
ぐをまぜてぬると、
ペンキのような感じ
になります。ムラに
なってもすてき！

ダンボールにえんぴつで
ハートの形をかく。

リボンはあなをあけて
とおす。うしろにガム
テープではっても OK！

カッターで
きりとる。

＊型紙：67 ページ

どんぐりや木のみを
ボンドではる。

きりぬいたハートも
つかえるよ！

あなをあけて、
ひもかリボンを
とおしておく。

ハートの形のダンボールに、
ボンドをたっぷりぬる。

できた！

小さい子でも、
ならべるだけなので、
かんたんにつくれるよ！

どんぐりや木のみ、
ビーズをすきまなくならべる。

まつぼっくりの
つけかた

まつぼっくりをつけるとき
は、グルーガンがあると、
べんりです。えだについて
いた部分をはさみできって
たいらにすると、しっかり
つきます。つけたら、20
秒くらい手でおさえておき
ましょう。

きる - - - - - - - - -

ざいりょう
ダンボール（24ページのリー
スからきりぬいたもの）
どんぐり・小えだ・木のみな
ど・大きいビーズ・リボン

よういするもの
きほんセット・グルーガン・
カッター・キリ

きりぬいて2倍かざろう！

ハートの
オーナメント

おとなと
いっしょに

■ はりがねのじゅんび

はりがねは、
45センチくらいに
きっておく。

まるく、
わにしておく。

12センチくらい

■ はりがねの中にさげる かざりをつくる

画用紙をすきな形にきり、糸をとおしておく
（写真ではテグスを使用）。

両面にボンドで
どんぐりや木のみを
はる。

まつぼっくりに
しろいえのぐをぬる。

はりがねの中に
さげる。

■ ほかにもこんな形をつくっておこう！

＊ 星・ツリー・ブーツの型紙：66-67ページ

風にゆれる

ゆらゆら ガーランド

ざいりょう

どんぐり・小えだ・木の
みなど・カラーはりがね
（しろ・0.9ミリ）・画用紙
（しろ・厚め）・あかい色
画用紙・あさひも・しろ
いえのぐ

よういするもの

きほんセット・キリ・ペンチ

つくりかたのコツ

ひもはこんなふうにとおすと、
あいだがちょうせつできるよ。

おとなと
いっしょに

へやの入り口や
まどにかざってね

27

みんなでつくると、
いろいろできて
おもしろい！

ざいりょう

どんぐり・小えだ・
木のみ・はっぱなどの
自然素材・ダンボール（4
× 23 センチ 3 まい）・
手芸用わた・ひも

よういするもの

きほんセット・カッ
ター・キリ

1 ダンボールをさんかくに
ボンドではる。形は自由。
すきな形にはって
みよう。

2 ボンドが
かわいたら、
ひもをとおす
あなをあけて
おく。

3 すきなものを
はりつける。

ダンボールをきるとき

ダンボールをきるときは、あなの
向きを確認しよう。

おれにくい

おれやすい

園の壁面
いっぱいに！

みんなの
さんかくリース

おとなと
いっしょに

こんな形もできるよ！

心しずかに
天使のモビール

おとなと
いっしょに

ざいりょう

クヌギのどんぐり（カクトも）・しろい厚めの画用紙（10×20センチくらい）・キラキラモール・クレープ紙（ロールで20センチくらい）・はりがね・テグスまたは糸

よういするもの

きほんセット・グルーガン・キリ・ペンチ

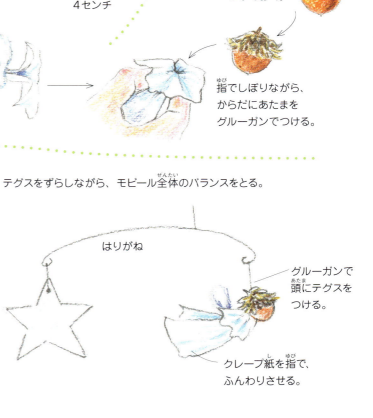

からだ

9センチ　6センチ

クレープ紙

2つおりにして、モールでしぼる。

4センチ

モールのすこし上をおりかえす。

あたま

カクトは、ボンドでつけておく。

指でしぼりながら、からだにあたまをグルーガンでつける。

しあげ

テグスをずらしながら、モビール全体のバランスをとる。

はりがね

グルーガンで頭にテグスをつける。

厚紙をツリーや星の形にきる。

クレープ紙を指で、ふんわりさせる。

✳ 型紙：66ページ

31

ダンボールの かべかけ

カットでかっこよく！

ざいりょう

ダンボール（21×4 センチ ぐらい） 4 まい・どんぐり や木のみ・フェルト（あか・ みどり・しろ）・わた・テグ スまたは毛糸・ひも

よういするもの

きほんセット・カッター

```
4 まい          4 センチ
  ┌─────────────┐  ↕
  │  ダンボール  │
  └─────────────┘
  ←── 21 センチ ──→
```

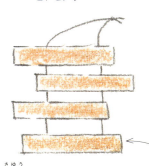

左右うごきがあるように ならべて、テグスをとおす。 毛糸をつかうときは、うらがわに ガムテープでしっかりはってもOK！

どんぐりや木のみ、 わた、フェルトをきった かざりをつける。

おとなと いっしょに

テグスのとおしかたは、 26 ページをみてね！

ざいりょう

どんぐりや木のみ・
大きめのビーズ（あか・
きんいろがあるとす
てき）・ダンボール（24
×30センチくらい）・
しろいえのぐ

よういするもの

きほんセット・カッター

ダンボールにしろボ
ンドをざっとぬる。

全体にのばすと、
ペンキをぬったみたい。

しろボンドのつくりかたは、
43ページをみてね！

しろボンドのつくりかたは、
43ページをみてね！

つくりかたのコツ

ボンドはたっぷり！
どんぐりは接着面が小さい
ので、ボンドを多めにする
としっかりつきます。

ナチュラルツリー

ダンボールだからすてき！

おとなと
いっしょに

33

プラカップの
スノードーム

雪がふるふる…
ユーモアいっぱい

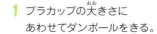

＊ ツリー ＊

ざいりょう

プラスチックカップ・どんぐり・ぼんてん（小）1こ、または、まるめたわた・みどりの色画用紙・しろい紙・ビーズなど（ツリーのかざり）・ペットボトルのふた（しろ）、または発泡スチロールすこし・わた・ダンボール（薄手）・小えだ・マスキングテープ

よういするもの

きほんセット・ポスカ（しろ）・セロテープ

1 プラカップの大きさにあわせてダンボールをきる。

2 ビーズやスパンコールなどのかざりをつけて、雪をかく。

色画用紙

おる

3 いろがみをまるめてきる。

ぼんてん

ボンドでつける。

ペットボトルのふた

4 ツリーとサンタをボンドでつける。

わた

5 ポスカで雪をかく。

しろい紙をきって、内がわにセロテープでとめる。

＊ 小えだ ＊

しろくぬった小えだをさす。

発泡スチロールの上にボンドでつける。

わた

プラカップを台にかぶせて、セロテープでかるくとめると、はい、できあがり！

どんぐりオーナメントでシンプルに

ツリーを
かざろう！

おとなと
いっしょに

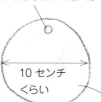

＊ オーナメント ＊

あなをあけて、
ひもをとおしておく。

10 センチ
くらい

ふぞろいも
オリジナルで
すてき！

ざいりょう
どんぐりや木のみ
など・ビーズ（あか・
大）・しろい厚紙・
リボンやひも・テ
グス

よういするもの
きほんセット・キリ・
グルーガン

リボン（ひも）の
いろを変えると
イメージが変わるよ！

＊ ろうそく ＊

グルーガンで
つける。

＊ ガーランド ＊

どんぐりにキリであなを
あけ、テグスをとおす。

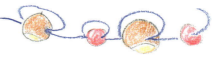

テグスのとおしかた

オリジナルどんぐりカード

せかいにたったひとつ
きみに、メリークリスマスをとどけたい…

クリスマスを
あそぼう

クリスマスといえば、やっぱり…

クリスマスケーキ

ロールケーキ

クリスマスケーキ

ざいりょう
どんぐりや木のみ・わ
た・いろがみ・大きいあ
かいビーズ・しろいダン
ボール（9×9センチ×
3まい・しろいえのぐ
ロールケーキ：ちゃいろ
の片面ダンボール
クリスマスケーキ：かみ
ねんど
よういするもの
きほんセット・カッター

おとなと
いっしょに

＊ ロールケーキ ＊

9 センチ

16 センチ

しろボンドで
つける。

片面ダンボールをまいて
ボンドでとめ、わたをつめる。

しろボンドの
つくりかたは、
43 ページをみてね！

＊ クリスマスケーキ ＊

1 ダンボールを3まいまるくきる。

9センチ
くらい

2 どんぐりの上にボンドをつけて
かさねる。

3 かみねんどを
まるめてボンドで
つける。

4 どんぐりを
ボンドでつける。

どんぐりチョコ

だれにプレゼントする？

ざいりょう
どんぐりや木のみ・ビーズ・えのぐ（こげちゃいろ・しろ）・ペットボトルのふた・チョコレートのあきばこ

よういするもの
きほんセット

ボンドをぽってりとのせる。

どんぐりやビーズをのせる。

ボンドがかわいたら、チョコレートのあきばこにつめてできあがり。

たくさんつくるとたのしいよ！

ちょうどよいあきばこがないときは、アルミホイルにくるんだり、ミニカップに入れたりしましょう。

しろボンドをつくろう！

ケーキのクリームや雪がつもったようにみせるには、ボンドにしろいえのぐをまぜて、しろボンドをつくります。
小さなチャックつきの袋でつくれば、少ない量でもつくれ、つかうときにもべんりです。チョコレートいろも、つくってみよう。

ゆびでもんでまぜる

ボンド2に対してえのぐ1ぐらい

ほんのすこしきる

どんぐり ハウス

お菓子のおうちみたい

おとなと
いっしょに

やね

しろボンドでどんぐりをはる。

7.5 センチ

お菓子みたい！

おる

7 センチ

ダンボールをえんとつの形にきって、やねの上にはる。

ボンドがかわいたら、やねをかべにボンドではる。

かべ

7 センチ

型紙にあわせてダンボールをきる。

21 センチ

かべを組みたて、セロテープではる。

＊ 家の型紙：66 ページ

しあげ

しろボンドを雪のように、えんとつやどんぐりにつけ、かたくり粉を茶こしでかけると、粉ざとうをまぶしたお菓子の家みたい !!

ダンボールをもみの木の形にきってたてる。

どんぐりくんもつけると、かわいいよ！

しろボンドのつくりかたは、43 ページをみてね

ざいりょう
どんぐり・薄手のダンボール・かたくり粉・紙ざら
しろボンド用：しろいえのぐ

よういするもの
きほんセット・カッター・茶こし

45

ころころ
ゲーム

ころころころ…カーソ！
　ぼくのお気に入り

おとなと
いっしょに

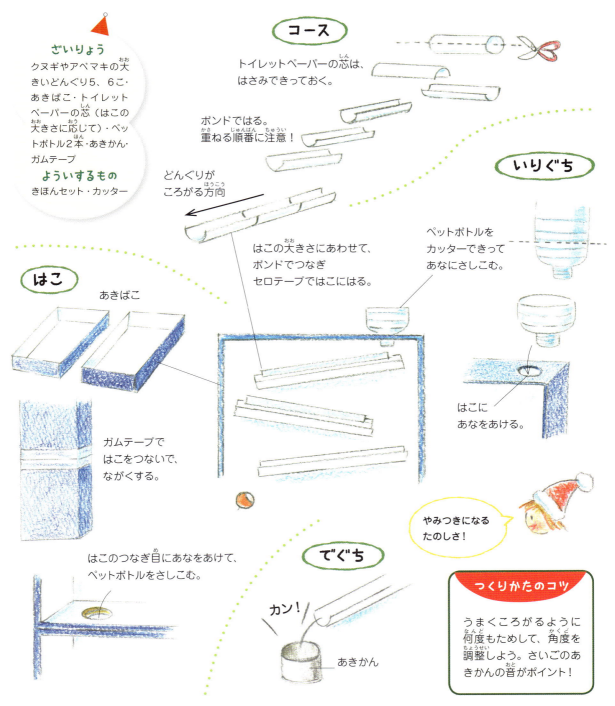

ざいりょう

クヌギやアベマキの大きいどんぐり5、6こ・あきばこ・トイレットペーパーの芯（はこの大きさに応じて）・ペットボトル2本・あきかん・ガムテープ

よういするもの

きほんセット・カッター

コース

トイレットペーパーの芯は、はさみできっておく。

ボンドではる。
重ねる順番に注意！

どんぐりが
ころがる方向

はこの大きさにあわせて、
ボンドでつなぎ
セロテープではこにはる。

いりぐち

ペットボトルを
カッターできって
あなにさしこむ。

はこに
あなをあける。

はこ

あきばこ

ガムテープで
はこをつないで、
ながくする。

はこのつなぎ目にあなをあけて、
ペットボトルをさしこむ。

でぐち

カン！

あきかん

やみつきになる
たのしさ！

つくりかたのコツ

うまくころがるように
何度もためして、角度を
調整しよう。さいごのあ
きかんの音がポイント！

マラカスゲーム

シャカシャカリンリン…
音がたのしい

ざいりょう
プラスチックカップ・プラスチック容器のふた 1こ（カップと大きさがあうもの。なければ厚紙で）・どんぐり・大きめのすず・あきかん・マスキングテープ

よういするもの
きほんセット・カッター

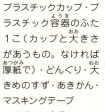

＊ サンタマラカス ＊

ふたにあなをあける。

どんぐりとすずを入れる。

セロテープでプラカップをつなぐ。

ふたの「ふち」をはさみできると、セロテープでとめやすい。

わた

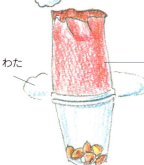

いろがみと、まるめたわたで、サンタのぼうしに！

サンタマラカス

おとなといっしょに

どんぐりをぼうしのほう（みえないほう）に、ぜんぶ入れてみよう！

できた！

48

ロングマラカス

プラカップを
いくつもつなぐと
ロングマラカスに！

＊ ロングマラカス ＊

ふた

そこ

ふた

あなをあけて
セロテープで
つなぐ。

そこの部分は
あけにくいけれど、
がんばって！

とちゅうに
紙コップを
入れても
おもしろいよ！

どんぐりと
すずを入れる。

いちばん下に
あきかんを
つけると、
音がする。

カン♪

何分で、ぜんぶ下まで、
落とせるかな？
競争しよう！

カップのふたがないときは、
厚紙をきってつくりましょう。

セロテープで
カップにはる。

つくりかたのコツ

まずはセロテープではってつない
で、その上からマスキングテープ
でかざると、じょうぶになる！

どんぐりをさがそう！

ぼくはここだよ！

どんぐりブーツ

ざいりょう

あかい色画用紙・
フェルト、または
画用紙（しろ）・
わた・どんぐりや
木のみ

よういするもの

きほんセット

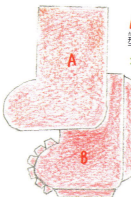

A
型紙にあわせてきる。

＊ **型紙：67ページ**

B
のりしろにボンドを
つけ、Aにかさねて
はりあわせる。

おる

フェルト、または
画用紙をまいて、
ボンドではる。

下げるところ

ボンドですきな
かざりをつける。

ベッドのそばに
さげてね！

さあ、しゅっぱつだ！

クリスマスのまえの夜、
どんぐりタウンの空を
トナカイのそりがはしります。
子どもたちへのプレゼントをいっぱい積んで。

どんぐりタウンの
クリスマスイブ

まちでともだちと、恋人と…
家で家族と。

思い思いにたのしみ、くつろぎます。

さあ、サンタはどこから？

あしたはクリスマス…

おやすみなさ～い。

クリスマス、雪の朝

まっしろなクリスマスの朝。
クリスマスツリーのまわりには、
プレゼントがいっぱい。

なにかな？　どれかな？
わくわくどきどき、わいわいがやがや…
どんぐりたちがあつまってきます。

GOAL

キャッホー！
スキーにスノボ！

クリスマスやすみは、
みんなでウィンタースポーツ。
スピード感いっぱいのスノーボード。
小さい子たちは、そりがたのしい。
リフトに乗れば、
けしきは360度のパノラマです。

どんぐりのなまえをしらべよう！

どんぐりのなまえをしらべるときは、そばにおちているカクトやはっぱも、いっしょにひろうと、なまえをしらべやすいよ。

葉柄（ようへい）

カクトはどんぐりの下（した）のほうだけをつつむ

カクトのひょうめんの、うろこのようなぶぶんを、「リンペン」といいます。

カクトがうろこのよう

どんぐりが入（はい）っているおわんのようなものを「カクト」といいます。

コナラ	ミズナラ
① ギザギザがするどい カクトはあさい	カクトがふかく、ごつごつしている ① 葉柄（ようへい）がほとんどない

カクトは、どんぐりぜんたいをつつんでいるが、みが熟（じゅく）すとさける

カクトがしましま

スダジイ	ツブラジイ
❷ みは、穂（ほ）のようにつく 葉のうらはあかっぽい	❷ みは、穂（ほ）のようにつき、小（ちい）さくてまるい 葉のうらはあかく、スダジイより小（ちい）さめ

シラカシ	アラカシ	ウラジロガシ
① ギザギザがめだたない	① シラカシよりカクトがあさい ギザギザがめだつ	みは、下（した）がすぼまっている ❷ するどいギザギザ 葉のうらはしろっぽい

どんぐりはそっくり！

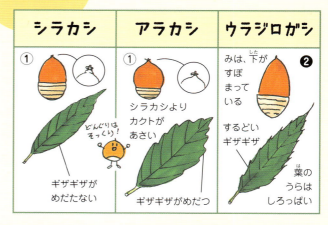

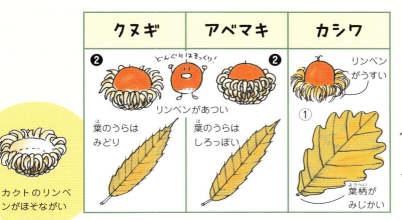

クヌギ	アベマキ	カシワ

どんぐりにそっくり！

リンペンがあつい

葉のうらは
みどり

リンペンが
うすい

葉のうらは
しろっぽい

①

葉柄が
みじかい

カクトのリンペ
ンがほそながい

①……花がさいた年に
みが熟す

❷……花がさいたつぎの年に
みが熟す

…落葉樹
ふゆには、はっぱをおとす

…常緑樹
ふゆになっても、みどりの
はっぱをつけている

ナラガシワ	マテバシイ	シリブカガシ	ウバメガシ

① 上にけが
おおく
のこる

❷ みは、あかるい
ちゃいろで
穂の
ようにつく

❷ みは、くろっぽい

へこんでいる

みは、穂の
ようにつく

あきに
花がさく

❷ みの下は、
すぼまって
いる

カクトは小さく
ラッパ型

葉柄がながい

葉は
あつくてかたい

わたしたちが「どんぐり」と
よんでいるのは、ブナのなか
まの木のみのことです。日本
でみることができるどんぐり
は、20種類ぐらいあります。

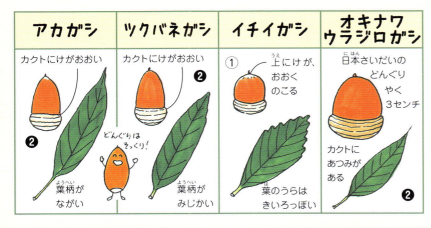

アカガシ	ツクバネガシ	イチイガシ	オキナワ ウラジロガシ

カクトにけがおおい

カクトにけがおおい ❷

どんぐりは
そっくり！

① 上にけが、
おおく
のこる

日本さいだいの
どんぐり
やく
3センチ

カクトに
あつみが
ある

葉柄が
ながい

葉柄が
みじかい

葉のうらは
きいろっぽい

❷

これは
めしべの
あと

コピーしてつかえる
クリスマス工作の型紙

拡大や縮小をして
つかってください

─·─·─	山おり
─ ─ ─ ─	谷おり

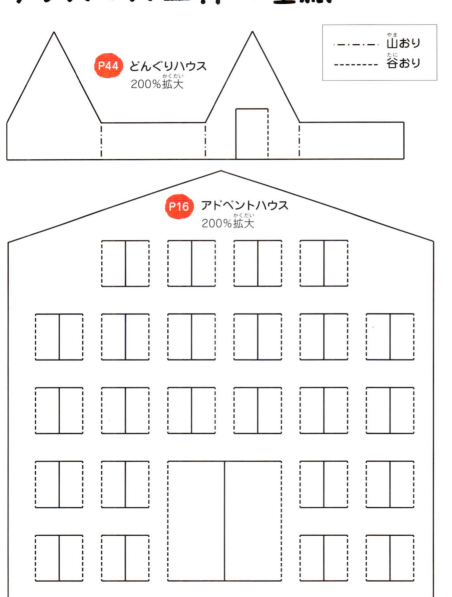

P44 どんぐりハウス
200％拡大

P16 アドベントハウス
200％拡大

どんぐりハウス
やね
200％拡大

P26 ゆらゆらガーランド
200％拡大

P30 天使のモビール
200％拡大

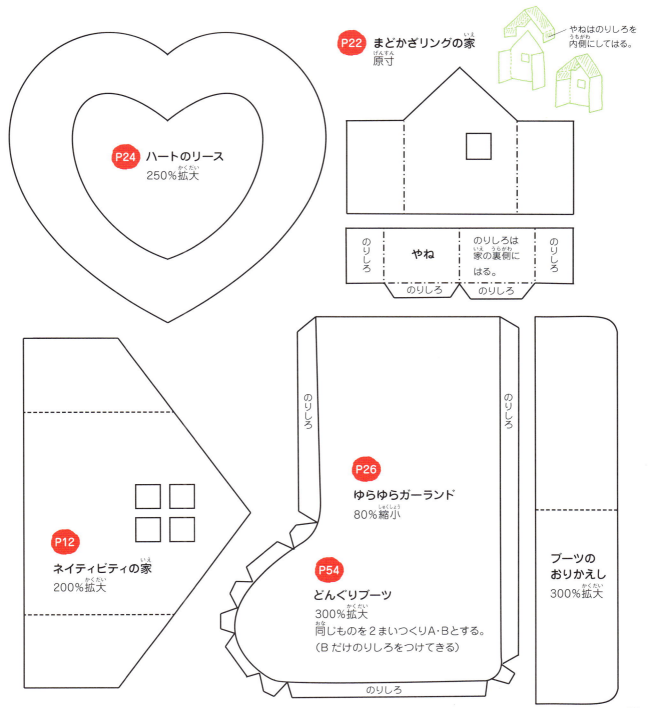

P24 ハートのリース
250%拡大

P22 まどかざリングの家
原寸

やねはのりしろを
内側にしてはる。

のりしろ

やね

のりしろは
家の裏側に
はる。

のりしろ

のりしろ のりしろ

のりしろ

のりしろ

P26 ゆらゆらガーランド
80%縮小

P12 ネイティビティの家
200%拡大

P54 どんぐりブーツ
300%拡大
同じものを2まいつくりA・Bとする。
（Bだけのりしろをつけてきる）

ブーツの
おりかえし
300%拡大

おおたき れいこ（大滝玲子）

1951年、栃木県生まれ。武蔵野美術大学卒業。
どんぐり遊びの達人。
子どもといっしょにおもしろいことをするのが大好き。
悩みはあるけど悩まない、ストレスあるけどため込まない。
きょうもどんぐり遊びのアイディア考え中。
『どんぐりノート』（共著）文化出版局、1995年
『まるごとどんぐり』（どんぐりクラブと共著）草土文化、1998年
『親子で野となれ山となれ―子どもと歩く12ヵ月』けやき出版、2000年
『駅からあるく西武線』けやき出版、2001年
『まるごとどんぐりスペシャル』かもがわ出版、2010年
『どこでもどんぐり』かもがわ出版、2015年
Eメール　donguritnkm318@gmail.com

写真撮影　みやづかなえ（宮津かなえ）
　　　　　Eメール　miyazu@par.odn.ne.jp
デザイン　コダシマ アコ
　　　　　Eメール　vcako@me.com

ジオラマ制作協力　大滝象平　山本誠一郎　どんぐりタウンのみなさん
撮影協力　わくくん　かほちゃん　にこりちゃん
　　　　　あおくん　丸山悦子
協力　　　佐藤ファミリー

どんぐりクリスマス

2018年10月20日　第1刷発行

著　者　© おおたき れいこ
発行者　竹村正治
発行所　株式会社　かもがわ出版
　　　　〒602-8119　京都市上京区堀川通出水西入
　　　　TEL 075-432-2868　FAX 075-432-2869
　　　　振替　01010-5-12436
　　　　ホームページ　http://www.kamogawa.co.jp
用　紙　中庄株式会社
印刷所　シナノ書籍印刷株式会社
ISBN 978-4-7803-0982-9　C0037